莒州博物馆馆藏精粹

陶瓷器卷

莒州博物馆 编

齊魯書社

·济南·

图书在版编目（CIP）数据

莒州博物馆馆藏精粹 . 陶瓷器卷 / 莒州博物馆编
. -- 济南：齐鲁书社 , 2024.3
　　ISBN 978-7-5333-4870-0

　　Ⅰ . ①莒… Ⅱ . ①莒… Ⅲ . ①博物馆 – 历史文物 – 莒
县 – 图录②古代陶瓷 – 历史文物 – 莒县 – 图录 Ⅳ .
① K872.524.2 ② K876.32

　　中国国家版本馆 CIP 数据核字 (2024) 第 049147 号

责任编辑：马安钰
装帧设计：刘羽珂

莒州博物馆馆藏精粹：陶瓷器卷
JUZHOU BOWUGUAN GUANCANG JINGCUI TAOCIQI JUAN

　　莒州博物馆　编

主管单位	山东出版传媒股份有限公司
出版发行	齐鲁书社
社　　址	济南市市中区舜耕路517号
邮　　编	250003
网　　址	www.qlss.com.cn
电子邮箱	qilupress@126.com
营销中心	（0531）82098521　82098519　82098517
印　　刷	山东临沂新华印刷物流集团有限责任公司
开　　本	889mm×1194mm　1/16
印　　张	11.25
插　　页	2
字　　数	121千
版　　次	2024年3月第1版
印　　次	2024年3月第1次印刷
标准书号	ISBN 978-7-5333-4870-0
定　　价	128.00元

编 委 会

序

孙敬明

中国之博物馆昉乎先秦，发展在汉唐，振兴于宋清，转型值民国。而"博物"连缀成辞，最早见于《左传》昭公元年（前541）所记晋侯闻子产之言，称赞其为"博物君子也"。其次则是《汉书·楚元王传赞》："自孔子后，缀文之士众矣，唯孟轲、孙况，董仲舒、司马迁、刘向、扬雄。此数公者，皆博物洽闻，通达古今，其言有补于世。"还见于西晋的《博物志》，尽管这是一部讲述山川河流与神仙方术的小说，但是其比西方的所谓博物馆学之"博物"不知要早多少个世纪！还有类似的著作，如宋代《宣和殿博古图》则载录三代青铜器八百余件。《四库全书总目提要》云："读者尚可因其所绘，以识三代鼎彝之制、款识之文，以重为之核订，当时裒集之功亦不可没。"同时还有比其更早的《考古图》，著录三代及秦汉青铜器、玉器等二百多件。这些著作对研究中国的博物馆学、金石学、考古学都是极其重要的。而博物馆发展到今天，对其性质功能的规范则是典藏、研究与宣传。即令如此，中国的博物馆与西方形形色色的所谓博物馆之间的差异何啻天壤。博物馆这个历史悠久的产物，其性质功能是随社会的发展而不断变化的。同样，天宇穹窿广盖博野，因空间区域而产生的差异亦是显而易见的。尽管如此，若探索博物馆之滥觞，审视天下，则唯有中国具备独特的历史条件。这是因为，西方文明古国尽管历史古老，但是它们历史发展的链条几乎全部中断，种族革命，语言文字灭绝，了无余绪，几乎没有像中国这样五千年文明传承一脉——不但历代传继而且文字语言连绵发展，于其本身就是完美的典型的非物质文化遗产博物馆。

请允许我们把目光聚焦于泱泱海岱、滔滔沂沭，鲁东南莒国故都——莒州博物馆。"莒"乃山东最称古老之东夷土著古国族，其名字最早见于殷商甲骨文，历西周洎战国书体与今迥异，而今日之书体则盖始于秦代。文献记载与考古实证，其为先秦古国，实乃东夷强雄，上海博物馆藏战国楚简《容成氏》中有"莒州"，可补文献之阙佚。秦代为邑，魏晋南北朝以降迄明清至今则为郡、州或县。在此，我们比较可见，莒州博物馆虽是一个县级博物馆，但由于其丰厚的历史积淀和数代博物馆人的传承发展，成为地方庋藏研究、宣传历史文物，承载人类社会信息之区域高地；同时，考古发现山东莒县、日照、诸城、莱州、宁阳，安徽蒙城、固镇等地都出土大汶口文化陶文，其于中华文明探源的重要意义不言自明；而此莒州博物馆还是享誉国内外，集中展示出土时间最早、数量最多、保存最为完好大汶口陶文的中心。我们再来审视比较上所揭橥出土大汶口陶文之区域，即可发现莒国都邑同时出土大量先秦至两汉时期的陶器与刀币铭范，其上戳印或刻画文字。不唯如此，所出商代至战国时期青铜器及铭文亦为数甚夥。如此看来，莒文化、莒国、莒都与莒州博物馆，不仅在海岱区域，即令从全国着眼，亦有其鲜明之独特性与唯一性。

考古发现五帝时代，人类已对天文气象、四时节令多所认知，如本书卷首第一件莒县陵阳河遗址出土大汶口文化陶尊上刻画陶文，先恩师于思泊省吾先生释之为"旦"字，其形象摹绘太阳、云气、山峰，是云气承托着初出山的太阳，早晨旦明的景象宛然若绘。[①]有关学者受此启发，结合《逸周书》《左传》记载东夷民族有以鸟命名的天文历法官员，以及《尚书·尧典》记载当时天文历法能确定二分二至，又通过实地考察日影测量等综合研究，认为我国天文历法的产生年代可追溯至5000年之前。[②]中华民族有10000年的文化史，5000多年的文明史。文字是人类文明的重要标志，而古汉字对于中华民族，则更有其特殊诞生与发展的历史，以及特殊的重大的社会意义。习近平总书记指出："殷墟出土的甲骨文为我们保存3000年前的文字，把中国信史向上推进了约1000年。""中国的汉文字非常了不起，中华民族的形成和发展离不开汉文字的维系。"而莒县等地考古发掘出土的大汶口文化陶文，应该是我国古汉字的重要源头。莒国历史文化不但发端早，而且源远流长。著名考古学家张学海先生指出："莒地具有数十万年的文化根系，一万余年的文明起步，五千余年的文明史。"

呈现于大家面前的由莒州博物馆馆长何绪军研究员主编之《莒

---

① 于省吾：《关于古文字研究的若干问题》，《文物》1973年第2期。
② 杜升云、苏兆庆：《东夷民族天文学初探》，《北京师范大学学报（自然科学版）》1988年第3期。

州博物馆馆藏精粹：陶瓷器卷》一书，所收录精美陶瓷百廿四件（套），诚可谓皇皇巨制，内容美富。其不仅对上所论述予以疏证诠释，同时还宛如地方历史文化之漫长画卷。掸案瞻读，随历史而展舒，顺时代而呈现，一件件精美绝伦的陶瓷器映入眼帘，尽管甚者肇步远古，或许感到悠远而清冷，然而其所蕴含的亘古人文之历史、智慧与艺术魅力，依旧闪烁着熠熠生命之光！

癸卯岁杪于潍水之湄白浪河干海岱复盦南牖下

（孙敬明，字鑑泉，号辰生。中国先秦史学会周公思想文化研究会副理事长，中国殷商文化学会理事，中国钱币学会理事会学术委员会委员，山东省社会科学专家库成员、山东文物专家委员会委员，山东省文物鉴定委员会委员，山东大学、烟台大学、山东师范大学兼职教授及研究生导师，山东博物馆特聘首席专家、潍坊市博物馆特聘研究员）

前言

依据考古人类学历史文化发展演变的轨迹，莒地最早应该出现莒人，后面才有莒氏族方国、莒文化。文献传称莒国为少昊之后，大概夏代已经立国，历经商周，有数千年的历史。无论后来楚国或齐国据有莒国疆域，还是汉代王室贵胄城阳王国的封建，甚至魏晋南北朝时期的东莞郡治的设置，这一切都与本地深厚的文化积淀密切相关。

著名考古学家张学海先生指出："莒地具有数十万年的文化根系，一万余年的文明起步，五千余年的文明史。"莒文化的分布，以今山东东南沂沭河流域莒县一带为中心，东至海，西逾沂蒙山，南达苏北赣榆，北抵高密、昌邑。以上认识，是经过近百年的金石学探讨与数一年的文物考古研究而得出的结论。莒文化在中国历史与考古学界的确立，使其在海岱区域成为足以与齐、鲁鼎足而立的重要区域文化。

在莒文化所分布的区域，1981年9月发现的沂源骑子鞍山旧石器时代人类遗址，距今已有30万年至50万年的历史，当时人们以采集和渔猎为生产生活的主要方式，并且只能制造简单的石器、骨器和木质生产与生活器具；在沂沭河流域发现的细石器时代文化遗址，跨越苏北与鲁南，距今有一两万年的历史；在莒县沭河两岸发现较多的细石器时代人类文化遗址，采集到砍砸器、石核、石镞以及长条刮削器等。

该区域内的新石器时代遗存，时代最早的是在潍河流域发现的诸城六吉庄子以及潍坊寒亭朱里前埠下遗址。以上两个遗址是整个海岱区域后李文化分布最为靠东的地点，年代距今约8000年。这一时期，人们已经开始大量烧制陶器，均为夹砂陶，不见泥质陶，大多数掺杂滑石颗粒，个别掺云母粉屑；陶色分为红褐、红灰褐、黑褐等。由于烧制火候不均匀，故同一件（套）器物的颜色斑驳，存在差异。器物的种类亦较单调，主要有釜、罐、钵、壶、器盖、纺轮、圆陶片、陶球等。其工艺多为泥条盘筑，所以大多数器壁厚薄不均。这一区域最能体现人类历史发展进步的重要标志物之一——陶器，从此登上舞台。到距今5000年前后的大汶口文化时期，陶器的发展达到一个高峰，出现用高岭土烧制的白陶鬶，但在这一阶段最终没有发展出瓷器。西周以来，莒地出土暨流散于今的历代瓷器多属于外来产品。对莒文化的陶瓷器进行搜集、排比、分析与研究，不仅对于区域文化及其与外来文化交流融合研究具有重要价值，对于揭示中华文明历史文化的丰富内涵与特色，同样具有重要意义。

纵观鲁东南区域，莒县出土的陶瓷器数量丰富，种类齐全，加之对其进行的多层次、多角度的研究，为人们学习、欣赏莒文明之灿烂提供了珍贵宝藏，亦为人们探究、传承中华民族文化精髓铺垫了静谧曲径。

目 录 Content

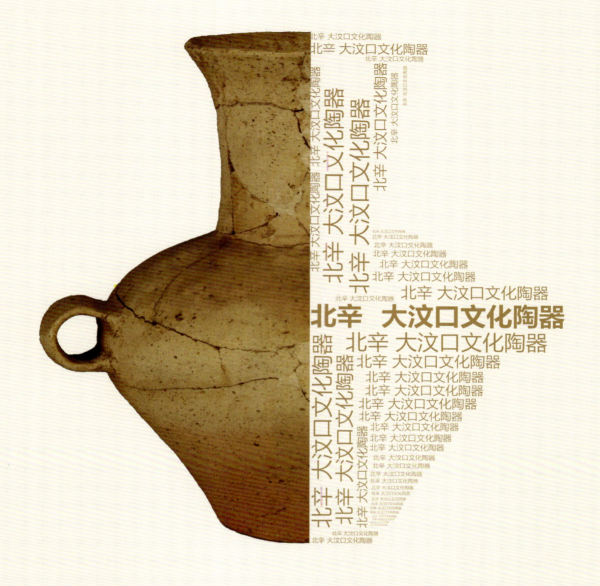

北辛、大汶口文化陶器 | 壹

北辛文化距今六七千年，因首次发现于山东滕县（今滕州）北辛而得名。莒文化分布区域内北辛文化遗址数量较多，并且往往与大汶口文化以及龙山文化遗存存在叠压，证明三种文化类型之间存在密切的传承发展关系。北辛文化陶器以夹砂陶为主，掺和料有蚌壳、砂、云母、碳和滑石末，但是已经出现泥质陶器。陶色以红褐陶为主，黄褐、灰褐陶次之，并有少量的灰、红、黑陶和红陶衣以及数量极少的白陶。器型主要有鼎、钵、三足钵、盆、缸、壶、罐、盘、器盖、觚形杯、支座、圆陶片、方陶片、纺轮以及泥饼等。

这一时期陶器制作工艺仍以泥条盘筑法为主，有的经过慢轮加工。器底和器壁内侧有用手指按压、拼接和涂抹修整的凹痕。鼎、壶等器物的口、腹、底或足多分段制成，然后再连接起来。为使连接牢固，多在连接处用手进行按压。纹饰主要有刻画纹、绳纹、指甲纹、凹弦纹和附加堆纹。

大汶口文化距今6200—4600年。这一时期的制陶业已经十分发达。莒县沭河流域的土质经激流冲击搬运沉淀堆积，是烧制陶器的最好原料。当时的制陶业已经广泛使用慢轮和快轮，经过淘洗揉练的陶泥，在经验丰富的手工制陶者的手中，伴随着陶轮的速度或慢或快，形成器壁厚薄均匀、造型规整的多种器型。莒县境内的大汶口文化遗址有

40余处，而周近的诸城、五莲、莒南、沂水等地相同的文化类型遗址分布尤为普遍，出土的陶器达上万件。其中，以莒县陵阳河、杭头、大朱家村遗址出土的陶器数量、种类最多，主要有鼎、鬶、罐、尊、缸、壶、盉、杯、碗、盏等，纹饰繁复工丽，有篮纹、弦纹、布纹、刻画纹、拍印纹等，陶质分泥质和夹砂等多种，颜色有褐、灰、红、白、黄等。不但有形体较小的杯、盏、托、盖，还有形体硕大的大口尊、大罐、滤酒器。文献记载东夷部族以鸟为图腾，所以在当地的大汶口文化陶器中，随处可见到鸟的形象。例如仿鸟的形状而制作的陶鬶，其形状宛似引颈向天、长尾触地、双翅收敛的大鸟。

莒文化中最为典型的大汶口时期的陶器，则是大口尊与滤酒缸。在陵阳河、杭头、大朱家村以及日照的尧王城、诸城的前寨等遗址中出土的大口尊上多带有陶文，单体的文字有十余个。古文字学界认为这是古汉字最早的原形，属于中国最古老的文字，是中华文明起源的典型物证。类似的文字不但在山东境内莒文化分布的区域可见，而且在皖北蒙城尉迟寺大汶口文化遗址中也有发现。尤为重要的是，两地虽然相距七八百里，但是出土的文字形体、尺寸，以及所在大口尊形状、位置等完全相似。这种普遍的相似因素，更能证明这些刻画文字的科学属性。

刻 "" 形大口尊

新石器时代大汶口文化遗存

1960 年莒县陵阳河遗址出土

高 52 厘米、口径 30 厘米、壁厚 3 厘米

夹砂灰陶。平折沿，深直腹，尖底。器身饰浅篮纹，腹上部有"👤"形刻符。刻符采用单线阴刻技法，笔画工整，笔顺流畅。古文字学家于省吾先生释其为"旦"字。该刻符对研究中国文字的起源具有重要意义。保存较好。

刻"⌣"形大口尊

新石器时代大汶口文化遗存

1983年莒县大朱家村遗址出土

高51厘米、口径30厘米、壁厚1.5厘米

夹砂灰陶。平折沿,深直腹,尖底小圈足。腹下部饰有两道凸弦纹,器身饰浅篮纹。腹上部刻有"⌣"形符号。保存较好。

刻 "  " 形大口尊

新石器时代大汶口文化遗存

1960 年莒县陵阳河遗址出土

高 63 厘米、口径 39 厘米、壁厚 2.4 厘米

夹砂黄褐陶。折沿，深直腹，尖底。口沿和腹下部各饰两道凹弦纹，弦纹间饰有两周圆圈纹。通体饰篮纹。腹部刻有" "形符号，另一面刻有" "形符号。保存较好。

刻 "" 形大口尊

新石器时代大汶口文化遗存

1962 年莒县陵阳河遗址出土

高 54 厘米、口径 37 厘米、壁厚 1.2 厘米

夹砂灰陶。方唇，折沿，深直腹，尖底。腹下部饰有两道凸弦纹，腹上部刻有 "⊢" 形符号，通体饰篮纹。保存较好。

刻 "  " 形大口尊

新石器时代大汶口文化遗存

1976 年莒县陵阳河遗址出土

高 60 厘米、口径 29.4 厘米、壁厚 2.4 厘米

夹砂灰陶。方唇，折沿，深直腹，尖底。口沿下及腹下部各饰两道凹弦纹，弦纹间饰有两周圆圈纹。腹的上部刻有" "形符号，通体饰篮纹。保存较好。

刻 "" 形大口尊

新石器时代大汶口文化遗存

1987 年莒县杭头遗址出土

高 43.5 厘米、口径 38.5 厘米、壁厚 0.7 厘米

夹砂灰陶。方唇，折沿，深直腹，尖底。腹下部饰有两道凸弦纹，腹上部刻有 "◣" 形符号，通体饰篮纹。

刻"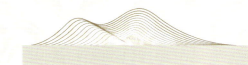"形大口尊

新石器时代大汶口文化遗存

1983年莒县大朱家村遗址出土

高60.5厘米、口径41.5厘米、壁厚1.1厘米

夹砂灰陶。方唇，折沿，深直腹，尖底。腹下部饰有两道凸弦纹，腹上部刻有"○"形符号，通体饰篮纹。

刻 "  " 形大口尊

新石器时代大汶口文化遗存

1988 年莒县杭头遗址出土

高 53 厘米、口径 31 厘米、壁厚 0.6 厘米

夹砂灰陶。方唇，折沿，尖底。腹下部饰有一道凸弦纹，腹上部刻有"  "形符号，通体饰篮纹。

白陶双錾鬶

新石器时代大汶口文化遗存

1977 年莒县陵阳河遗址出土

通高 34 厘米

夹砂白陶。窄长流，喇叭口，颈部细而高，鼓腹，三袋形足。背部两侧安装两宽板状錾，其上各饰有三道凹弦纹；腹上部饰一周附加堆纹；腹后部安有一小短尾，其上亦饰有四道凹弦纹。腹前正中饰一凸钮，两侧饰对称的小圆饼。该器形若鸟状，构思巧妙，造型生动，制作精美。东夷以鸟为图腾，故创造出似鸟的陶鬶，成为富有地域文化特色的典型器。保存较好。

白陶箅状鬶

新石器时代大汶口文化遗存

1977 年莒县陵阳河遗址出土

通高 24.8 厘米

夹砂白陶。窄短流，圆口，口上有箅眼盖封堵，细颈，鼓腹，三袋形足。颈腹间安装桥形柄，其上饰两道凹弦纹，腹部饰一周附加堆纹。该器造型新颖，设计科学，制作精致，在同时期文化中仅此一例。

白陶单柄鬹

新石器时代大汶口文化遗存

1977 年莒县陵阳河遗址出土

通高 26.6 厘米

夹砂白陶，陶质较硬。侈口，窄短流，颈较细，圆腹，三袋形足，足底实核。

颈腹间有桥形柄，上饰三条凹弦纹，腹部饰一周附加堆纹。保存较好。

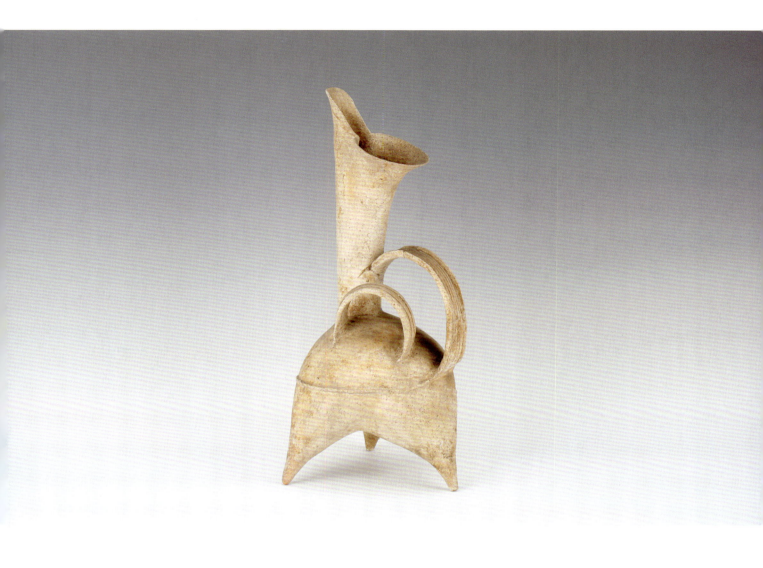

白陶双柄鬶

新石器时代大汶口文化遗存

1983 年莒县杭头遗址出土

通高 37.5 厘米

夹砂白陶。窄长流，喇叭口，细高颈，鼓腹，三袋形足。腹部饰一周泥条状附加堆纹，颈下有一圆泥饼饰。颈腹间有一桥形柄，其上饰两道凹弦纹；背部有一小桥形柄，其上饰三道凹弦纹。两柄高低错落有致，造型优美。保存完好。

白陶杯

新石器时代大汶口文化遗存

1977 年莒县陵阳河遗址出土

高 12 厘米、口径 10 厘米、腹深 9.4 厘米、足径 8.8 厘米

夹砂白陶。喇叭口，圆唇折沿，深腹，略束腰，喇叭状圈足。腹饰弦纹。该器造型简洁，通体洁白，器形完好，十分罕见。

白陶双耳壶

新石器时代大汶口文化遗存

1983 年莒县大朱家村遗址出土

高 20 厘米、口径 8.8 厘米、底径 6.4 厘米

夹砂白陶。侈口，圆唇，高领，斜鼓肩，腹下收，小平底。肩部有对称的桥形耳。

彩陶盆

新石器时代大汶口文化遗存

1983 年莒县大朱家村遗址出土

高 22 厘米、口径 36 厘米、底径 12 厘米、壁厚 0.5 厘米

泥质褐陶。直口卷沿，深腹下收，平底。口沿涂饰红色彩绘，腹上绘三组红圆点及凹边菱形图案，每组每种皆六个，底部有一周彩绘。

黑陶高柄杯

新石器时代大汶口文化遗存

1977 年莒县陵阳河遗址出土

高 18.4 厘米、口径 8.6 厘米、足径 6.8 厘米

泥质黑陶，通体磨光，轮制。折沿，平口，短筒形杯身，细高柄，喇叭形圈足。杯身及柄饰凹弦纹，柄上有三角形镂孔。保存较好。

黑陶高柄杯

新石器时代大汶口文化遗存

1983 年莒县杭头遗址出土

高 22.3 厘米、口径 7.3 厘米、足径 6.4 厘米

泥质黑陶，通体磨光，轮制。喇叭口，束腰，筒形杯身，圜底，筒腹底部有一周凸棱。高柄中空，柄中部略粗，台座形圈足。杯体有细弦纹状轮痕，柄上饰圆形锥刺镂孔。保存较好。

黑陶单耳杯

新石器时代大汶口文化遗存

1983 年莒县杭头遗址出土

高 11.3 厘米、口径 6 厘米、底径 4.5 厘米

泥质黑陶，通体磨光。侈口，束颈，凸垂腹，平底，腹上有一桥形耳。保存完好。

黑陶单耳壶

新石器时代大汶口文化遗存

1983 年莒县杭头遗址出土

高 16.9 厘米、口径 11 厘米、底径 7 厘米

泥质黑陶，通体磨光。侈口，卷沿，粗高颈，下部折腹斜收，平底。腹部有一桥形耳。保存完好。

黑陶单耳罐

新石器时代大汶口文化遗存

1983 年莒县杭头遗址出土

高 18 厘米、口径 11.8 厘米、底径 7.2 厘米

泥质黑陶，通体磨光。侈口，卷沿，鼓腹，小平底，腹侧有一桥形耳。保存完好。

黑陶流口罐

新石器时代大汶口文化遗存

1986 年莒县大朱家村遗址出土

高 22.5 厘米、口径 11.5 厘米、底径 7.4 厘米

泥质黑陶。喇叭口，沿上有一流，束颈，圆鼓腹，小平底。保存较好。

黑陶高领罐

新石器时代大汶口文化遗存

1983 年莒县杭头遗址出土

通高 35.4 厘米、口径 15.4 厘米、底径 9.7 厘米

泥质黑陶，通体磨光。侈口，凸圆唇，高领，斜肩，收腹，小平底。肩部饰一周附加堆纹，腹饰篮纹，并有对称的鸡冠钮。该器通体黑亮，制作精湛，十分罕见。保存完好。

黑陶双耳罐

新石器时代大汶口文化遗存

1977年莒县陵阳河遗址出土

高 20.8 厘米、口径 11 厘米、底径 7 厘米

泥质黑陶。喇叭口，圆唇，高领，斜鼓肩，腹下收，小平底。肩部有对称桥形耳。

通体素面。保存完好。

黑陶高领罐

新石器时代大汶口文化遗存

1987 年莒县杭头遗址出土

高 34.5 厘米、口径 14.6 厘米、底径 9.5 厘米

泥质黑陶，通体磨光。侈口，凸圆唇，高领，斜肩，收腹，小平底。肩部饰一周附加堆纹，腹饰篮纹，并有对称的鸡冠钮。

黑陶单耳杯

新石器时代大汶口文化遗存

1983 年莒县杭头遗址出土

高 13.5 厘米、口径 7.8 厘米、底径 5.3 厘米

泥质黑陶，通体磨光。侈口，束颈，腹下部斜折内收，平底。腹部有一桥形耳。
保存完好。

黑陶双耳罐

新石器时代大汶口文化遗存

1983 年莒县杭头遗址出土

高 20 厘米、口径 9.5 厘米、底径 7 厘米

泥质黑陶。喇叭口，圆唇，高领，斜鼓肩，腹下收，小平底。肩部有对称桥形耳。通体素面。保存完好。

黑陶单耳杯

新石器时代大汶口文化遗存

1983 年莒县杭头遗址出土

高 11 厘米、口径 6.5 厘米、底径 4.7 厘米

泥质黑陶，通体磨光。侈口，束颈，凸垂腹，平底。保存完好。

黑陶单耳杯

新石器时代大汶口文化遗存

1977 年莒县陵阳河遗址出土

高 11 厘米、口径 8.5 厘米、底径 5.5 厘米

泥质黑陶。侈口，束颈，凸垂腹，平底。腹部有一桥形耳。保存完好。

单耳黑陶杯

新石器时代大汶口文化遗存

1979 年莒县大朱家村遗址出土

高 12 厘米、口径 9 厘米、底径 5.4 厘米

泥质黑陶。侈口，束颈，凸垂腹，平底。腹部有一桥形耳。

黑陶尊

新石器时代大汶口文化遗存

1977 年莒县陵阳河遗址出土

高 36.5 厘米、口径 20.5 厘米、底径 11.5 厘米

泥质黑陶。侈口，折沿，圆唇，高领、折肩，束腰收腹，平底。

黑陶双耳罐

新石器时代大汶口文化遗存

1983 年莒县杭头遗址出土

高 17.3 厘米、口径 9 厘米、底径 6.4 厘米

泥质黑陶。喇叭口，圆唇，高领，斜鼓肩，腹下收，小平底。肩部置对称桥形耳。

黑陶单耳杯

新石器时代大汶口文化遗存

1983 年莒县杭头遗址出土

高 16.7 厘米、口径 8.7 厘米、底径 6 厘米

泥质黑陶，通体磨光。侈口，翻沿，粗高颈，腹下部斜折内收，平底。腹部有一桥形耳。

黑陶单耳罐

新石器时代大汶口文化遗存

1983 年莒县杭头遗址出土

高 16.7 厘米、口径 11 厘米、底径 7 厘米

泥质黑陶，通体磨光。侈口，翻沿，粗高颈，腹下部斜折内收，平底。腹部有一桥形耳。

黑陶三足单耳杯

新石器时代大汶口文化遗存

1959 年莒县仕阳水库出土

高 7.5 厘米、口径 4.5 厘米、底径 5.4 厘米

泥制黑陶。直口微敛，深腹渐粗，平底，三凿形足。腹部有一桥形耳。颈部留有轮制弦纹痕迹，腹部饰一周曲折几何纹。

黑陶鸟首盖杯

新石器时代大汶口文化遗存

1977 年莒县陵阳河遗址出土

高 16.7 厘米、口径 8 厘米、底径 7.2 厘米

泥制黑陶。高柄，柄中空，喇叭形圈足，盖上饰一鸟形钮。

黑陶鸟首盖杯

新石器时代大汶口文化遗存

1977 年莒县陵阳河遗址出土

高 17.2 厘米、口径 7.5 厘米、底径 7 厘米

泥制黑陶。高柄，柄中空，喇叭形圈足，盖上饰一鸟形钮。

黑陶豆

新石器时代大汶口文化遗存

1982 年莒县大朱家村遗址出土

高 28 厘米、口径 40.5 厘米、底径 23.5 厘米

泥质黑陶。浅盘，粗柄，台座形圈足。

灰褐陶高领罐

新石器时代大汶口文化遗存

1983 年莒县大朱家村遗址出土

通高 71 厘米、口径 33 厘米、底径 17 厘米、壁厚 1.2 厘米

夹砂灰陶。喇叭口，凸圆唇，高领，斜鼓肩，收腹，小平底。

灰褐陶鼎

新石器时代大汶口文化遗存

1977 年莒县陵阳河遗址出土

高 36.5 厘米、口径 28.8 厘米、腹深 24 厘米

夹砂褐陶。侈口折沿，深腹微鼓，平底，凿形三足。腹部饰篮纹并有对称鸡冠钮，腹下饰一周附加堆纹，足刻凹弦纹一道。

三袋乳形鬶

新石器时代大汶口文化遗存

1984 年莒县大朱家村遗址出土

高 26 厘米、壁厚 0.4 厘米

夹砂褐陶。喇叭口，长流，泥条索状把手，三袋足分立。前两袋足上方有两
个小圆饼。俗称羊乳鬶。

褐陶高领双耳罐

新石器时代大汶口文化遗存

1977年莒县陵阳河遗址出土

高49厘米、口径18厘米、底径11.5厘米

泥质褐陶。喇叭口，凸圆唇，高领，斜鼓肩，腹下收，小平底。肩部有对称的桥形耳。肩上部磨光，腹部略粗且饰篮纹。该器形体硕大，制作精良，烧制火候较高。保存完好。

褐陶背壶

新石器时代大汶口文化遗存

1977 年莒县陵阳河遗址出土

高 31 厘米、口径 12 厘米、底径 10.8 厘米

泥质灰陶。侈口，圆唇，高领，斜鼓肩，腹下收，一侧斜平，小平底。肩部
有一组斜对称的桥形耳，两耳间的腹下部有鸟喙状凸钮。保存完好。

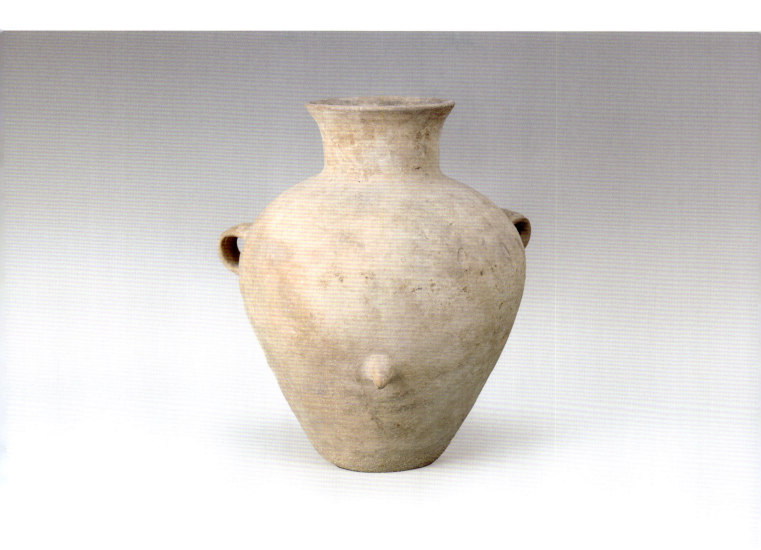

灰陶背壶

新石器时代大汶口文化遗存

1983年莒县大朱家村遗址出土

高31.5厘米、口径11.8厘米、底径11厘米

泥质灰陶。侈口，圆唇，高领，斜鼓肩，腹下收，另侧斜平，小平底。肩部有一组斜对称的桥形耳，两耳间的腹下部有鸟喙状凸钮。

灰陶背壶

新石器时代大汶口文化遗存

1984年莒县张家葛湖村出土

高27.4厘米、口径10.5厘米、底径8厘米

泥质灰陶。侈口，圆唇，高领，斜鼓肩，腹下收，另侧斜平，小平底。肩部有一组斜对称的桥形耳，两耳间的腹下部有鸟喙状凸钮。

灰陶盉

新石器时代大汶口文化遗存

1977 年莒县陵阳河遗址出土

高 24.3 厘米、口径 14.9 厘米、底径 8.7 厘米

泥质灰陶。圆唇，折沿，高颈，溜肩，鼓腹下收，小平底。肩部安装有一圆筒状直流。保存较好。

褐陶甗

新石器时代大汶口文化遗存

1983 年莒县大朱家村遗址出土

高 31.8 厘米、口径 18.5 厘米、底径 11.5 厘米、足高 7 厘米

夹砂红褐陶。甑部呈罐形，侈口折沿，沿面有三道凹弦纹，鼓腹，有对称鸡冠耳。束腰。鬲部呈鼎形，腹圆鼓，平底，三凿形足，通体饰篮纹。

红陶单耳杯

新石器时代大汶口文化遗存

1979 年莒县陵阳河遗址出土

高 11.3 厘米、口径 8.1 厘米、底径 5.2 厘米

夹砂红陶。侈口，束颈，凸垂腹，平底。腹部有一桥形耳。

龙山文化陶器

贰

Part 02

　　龙山文化泛指中国黄河中下游地区铜石并用的时代文化，约当新石器时代晚期的一类文化遗存，因首次发现于山东济南章丘龙山镇（今龙山街道）而得名，距今约4600—4000年。大汶口文化出现的快轮制陶技术在这一时期得到普遍应用，陶器种类有鼎、鬶、壶、罐、鬹、盉、盆、碗、钵、盏、杯、盒、盂以及乐器陶埙等。纹饰主要有篮纹、绳纹、布纹、弦纹、兽面纹，还有一些泥塑作品。磨光黑陶数量更多，质量更精，烧出了薄如蛋壳、光亮如漆的蛋壳陶器，是中国制陶史上的顶峰。龙山文化遗址在莒文化区域内广有分布，著名的遗址有临沂的大范庄，日照的东海峪、两城、尧王城以及五莲的丹土等。尤其日照东海峪龙山文化石棺墓中出土的蛋壳陶杯，几乎完全无损。无论陶质的凝练精纯、造型的完美无瑕、胎壁的薄如蝉翼，还是烧制火候高度近乎瓷器、颜色黝黑光亮，这些都是令人深怀向往却又难以达到的无上境界。

还有烧制精美的陶鬶，橘黄的颜色柔和而曼妙，灵动的造型蕴含着无限神韵。白色的陶鬶更是以其洁白精纯而令人称绝，试想，窑中的烟火，木炭的熏烤，怎会不在其身上留下痕迹？我们甚至大胆推测，当时精美绝伦的陶器如蛋壳陶杯、橘黄色与白色的陶鬶，是装盛在类似匣钵的器具内烧制的。

黑陶单耳杯

新石器时代龙山文化遗存

1959 年莒县仕阳遗址出土

高 18 厘米、口径 9.5 厘米、底径 7.2 厘米

泥质黑陶。侈口，圆唇，深直腹，平底，腹上有一桥形耳。器体上部饰宽弦纹，下部饰细弦纹，通体施黑陶衣。保存较好。

蛋壳陶杯

新石器时代龙山文化遗存

1999 年莒县孟家洼遗址出土

高 13.3 厘米、口径 10.3 厘米、足径 5.9 厘米、口沿最薄处仅 0.2 毫米

泥质黑陶，快轮拉坯，轮制。盘形口沿宽广，杯身呈直筒状，腹深壁直，腹底圜形。器座呈筒形承托杯身，座与杯身起到柄的作用。杯身饰纤细的凹弦纹，座上部外凸，饰有不规则的镂孔，下部束腰接圈足。该器陶质细腻，造型优美，工艺精湛，十分罕见。

新石器时代龙山文化遗存

1996 年莒县马庄遗址出土

通高 39.9 厘米、口径 21.4 厘米、裆高 5 厘米

夹砂黑褐陶。侈口，卷沿，凸方唇，束颈，甗部鼓腹，饰一对盲鼻和泥饼，腹部饰四道凸弦纹。鬲部为袋形足，弧裆。

黄褐陶鬶

新石器时代龙山文化遗存

1999 年莒县孟家洼遗址出土

通高 31.5 厘米

夹砂黄褐陶。高流，长颈，鼓腹，三袋形锥状足，泥条索状把手。高流下方两侧各饰一小圆饼，腹部饰有一周凸弦纹。

商周时期陶器

商周时期陶器

　　商代的考古发现，在鲁东南沂沭河流域只可见零星的地点，尤其商代早期的文化遗址还不大清楚，商代晚期的遗址则分布相对普遍。例如在沂水发现的商代晚期青铜戈、石磬，在苍山县庄坞镇东高尧发现的商代晚期青铜兵器和原始青瓷罍等。

　　沂沭河流域所见的商周时期的陶器主要有陶鼎、鬲、尊、觚、爵、盆、盂、壶与罐等，其与岳石文化的陶器差别不大，而与龙山文化的陶器风格相去甚远。陶器以灰色为主，烧制火候较高，但是造型简朴了许多。究其原因，似乎当时更加注重于青铜器的铸造，故而对陶器的质量要求退居其次。

　　西周时期的陶器，还是以灰陶为主，夹杂黑灰陶和褐陶，主要器类有簋、鼎、鬲、豆、壶、罐、盘、匜等。由于齐、鲁等新封国的推动，陶器较之商代有所发展。曲阜鲁国墓地出土甲乙两组不同类型的陶器，就是土著文化与新封文化最好的例证。

　　春秋战国时期的陶器，以灰陶为多见，器类有鼎、豆、壶、罐、杯、盘、匜、敦、舟等。莒国春秋战国墓，如莒南大店、沂水刘家店子、沂水纪王崮、日照崮河崖、五莲留村、诸城臧家村、莒县西大庄及天井汪等出土的青铜器十分精美，陶器数量也不少，而且有多件类似青铜器造型的陶器。春秋时期莒国的陶鬲最具特点，通常为敛口、削肩、鼓腹、收裆、高足，其与同时代的齐、鲁等国同类器物大异其趣。鼓腹罐与众多的器盖也独具莒地特点。

黄褐陶豆

新石器时代岳石文化遗存

1988 年莒县塘子遗址出土

通高 23.8 厘米、盘口径 22 厘米、足径 14.8 厘米

泥质黄褐陶。圆唇浅盘，盘呈内凹形，柄部上粗下细，中空，喇叭形足。盘内外及足饰凸弦纹，柄部饰凹弦纹，有三角形镂孔。

褐陶簋

商代文化遗存

1983 年莒县张家围子遗址出土

通高 12.9 厘米、口径 17 厘米、足径 11.7 厘米

泥质灰褐陶。方唇折沿，弧腹，束腰，圈足稍粗。通体素面。保存完好。

灰陶罐

商代文化遗存

1992 年莒县牛家庄遗址出土

通高 22.1 厘米、口径 15.9 厘米、底径 10.9 厘米

夹细砂灰陶。斜方唇，直颈略束，折肩，斜腹，平底。腹部饰细绳纹。保存完好。

灰陶豆

周代文化遗存（西周时期）

1990 年莒故城出土

通高 14 厘米、口径 16.1 厘米、足径 11.7 厘米

夹细砂灰陶。方唇，弧壁，浅盘，矮柄，喇叭状圈足。柄中部饰凹弦纹一周。保存完好。

灰陶罍

周代文化遗存（春秋时期）

1981 年莒县何家村出土

通高 25.9 厘米、口径 15.8 厘米、底径 11.5 厘米

泥质灰陶。侈口，折沿，折肩，收腹，平底略凹。腹部饰绳纹，在腹的中部抹划隔断。保存较好。

灰陶罐

周代文化遗存（春秋时期）

1995 年莒县马庄遗址出土

通高 22.5 厘米、口径 13.5 厘米、底径 11.6 厘米

泥质灰陶。方唇，小斜直口，缓折肩，深腹下收，平底略凸。肩部饰两组凹弦纹，腹部饰绳纹并有一道抹划隔断。保存完好。

灰陶罐

周代文化遗存（春秋时期）

1995 年莒县马庄遗址出土

高 18.6 厘米、口径 11.3 厘米、底径 9 厘米

泥质灰陶。侈口，圆唇，折沿，溜肩，折腹，小平底。肩上素面，腹下饰绳纹至底。

保存完好。

灰陶罐

周代文化遗存（春秋时期）

1990 年莒县孙家村出土

通高 26.1 厘米、口径 15.6 厘米

泥质灰陶。敞口，方斜唇，小高领，斜肩，鼓腹，圜底。肩和腹部饰竖绳纹，腹下部及底饰横绳纹。保存完好。

陶鬲

周代文化遗存（春秋中期）

1996 年莒故城春秋大墓出土

高 13.3 厘米、口径 13.8 厘米

夹细砂灰陶。方唇，侈口，折沿，束颈，鼓肩，连裆。肩及足部饰细绳纹，器表有烟炱。保存完好。

陶鬲

周代文化遗存（春秋晚期）

1986 年莒县卢家孟堰村出土

高 12.1 厘米、口径 11.4 厘米

夹细砂灰陶。方唇，平沿，敞口，束领，鼓肩，连裆略平。通体素面。保存完好。

灰陶罐

周代文化遗存（战国时期）

1992 年莒故城（纸厂）出土

通高 24.2 厘米、口径 13 厘米、底径 9 厘米

泥质灰陶。侈口，斜唇，高颈，溜肩，鼓腹下收，小平底。肩部饰凹弦纹四道，近底部饰细绳纹。保存完好。

灰陶豆

周代文化遗存（战国时期）

1983 年莒县杭头遗址出土

通高 27.6 厘米、口径 17.5 厘米、足径 13.5 厘米

泥质灰陶。圆唇，敞口，直沿，浅盘，空心细高柄，喇叭形圈足。通体素面。保存完好。

秦汉时期陶器

秦汉时期陶器 肆

　　秦统一的时间虽短，但从咸阳有一条通向东海的驰道，在此驰道两侧，秦文化的因素较突出。秦代对东方的影响，除常见的各种陶、铜、铁质的量器与权衡之外，最典型的器物则是陶茧形壶，这在河南以及苏北都有出土。茧形壶又称鸭蛋壶，腹部向两侧横延，酷似蚕茧，又似鸭蛋，因此得名。此类器物在山东大概只有鲁南地区出土，如临沂银雀山西汉早期墓葬中即有茧形壶出土。

　　汉代陶器的工艺水平很高，造型优美，质地精良。莒地出土的这一时期的陶器以日用灰陶为主，有罐、壶、碗、勺、筒杯、瓮、盒、洗、甑、釜、杯、盘、尊等。在汉代流行起来的生活用具模型，如仓、炉、灶、井等作为明器随葬，在墓葬中大量发现。盒、盘、案、杯等逐渐成组出现，为适应人们厚葬之需，也成为祭器。猪、羊、狗、鸡等家畜家禽及圈舍的明器模型也大量流行。装饰则有弦纹、刻画的三角纹、连环纹、栉齿纹和动物纹，还有绳纹、拍印纹、浮雕、涂色和彩绘等。

褐陶罐

汉代文化遗存

1996 年莒故城（纸厂）出土

通高 38.8 厘米、口径 17.4 厘米、底径 15.8 厘米

夹细砂黄褐陶。直口，折沿，方唇，短束颈，溜肩，斜鼓腹，小平底。肩部
有一"□□"戳记，腹下部饰细绳纹。保存完好。

褐陶壶

汉代文化遗存

莒县西北崖村出土

通高 38 厘米、口径 17 厘米、足径 15.5 厘米

泥质黄褐陶，施陶衣。方唇，侈口，长颈，鼓腹，腹下收，圈形足。通体素面。

保存完好。

灰陶壶

汉代文化遗存

1990 年莒县王家泉头村出土

通高 29 厘米、口径 13.9 厘米、足径 10 厘米

泥质灰陶。盘口，圆唇，长颈略粗微内束，溜肩，鼓腹，圜底，小矮圈足。肩部有凹弦纹两周和对称的铺首衔环一组。保存完好。

灰陶罐

汉代文化遗存

1994 年征集

通高 24.2 厘米、口径 14.1 厘米、底径 14.4 厘米

泥质灰陶。侈口，圆唇，束颈，斜肩，鼓腹，腹下略收，平底。肩部饰两周凹弦纹。底部饰卷云纹，呈瓦当形。保存完好。

灰陶罐

汉代文化遗存

1966 年莒县官庄村采集

通高 29.2 厘米、口径 13.9 厘米、底径 16.2 厘米

泥质灰陶。直口，方唇，短颈，溜肩，鼓腹，腹下收，平底。平顶盖。通体素面。
保存完好。

灰陶熏炉

汉代文化遗存

1990年莒县王家泉头村出土

通高 16.5 厘米、底径 6.3 厘米

泥质灰陶。炉身与炉盖为子母口扣合，盖作圆锥形，顶为尖峰；炉身为豆形，圆形矮柄，喇叭形足。熏炉盖面作峰峦重叠、云雾缭绕状，并刻有叶脉纹。在叶脉间及豆的底部有气孔。保存完好。

灰陶俑

汉代文化遗存

1992 年莒县车辋沟村出土

通高 32 厘米

泥质灰陶。女侍立俑，头梳发髻置于脑后，略低首垂目，面带笑容，拱手落肩，神态虔诚温顺。身着单层交领宽袖曳地大喇叭长裙，微露双足，脚穿云头履。保存完好。

汉晋南北朝原始瓷器
汉晋南北朝原始瓷器
汉晋南北朝原始瓷器
汉晋南北朝原始瓷器
汉晋南北朝原始瓷器
汉晋南北朝原始瓷器
汉晋南北朝原始瓷器
汉晋南北朝原始瓷器
汉晋南北朝原始瓷器
汉晋南北朝原始瓷器
汉晋南北朝原始瓷器
汉晋南北朝原始瓷器
汉晋南北朝原始瓷器

汉晋南北朝原始瓷器

伍

Part 05

陶器出现在新石器时代，是旧石器与新石器时代的分水岭，大概沿用了上万年。瓷器的诞生与陶器有密切的关系，无论其诞生的地点、制作的器具、工艺与最初的用途等，都与陶器相辅相成。而二者最大的区别即在于胎质不同，陶器使用普通的泥土，而瓷器则使用所谓的瓷土，或称高岭土。尽管龙山文化时代，蛋壳陶杯烧制的工艺较之后来的瓷器毫不逊色，但是最基本的质地不同则是区别两者的根本。

考古发现原始瓷器大概出现在商代，如河南安阳以及山西、河北、山东等地出土的商代晚期白陶罍，其与普通陶器的最大区别，即在于胎质使用高岭土而不是一般的陶土。莒县出土大汶口文化时期的白陶鬶，有的应该是使用高岭土，所以胎质极薄，而且坚硬，渗水性极差。

　　西周时期莒文化分布区域，亦发现少量的原始瓷器。春秋战国时期基本没产生什么变化，而最大的变化则是在汉代，随着青铜器逐渐退出历史舞台，汉代瓷器的生产规模逐渐扩大，主要器型有壶、罐等，但烧制温度不高。莒地汉代墓葬中出土了大量用于随葬的原始青瓷器，由此推断其在现实生活中也已经得到普遍应用。莒地出土的魏晋时期的瓷器，只是用高岭土作为胎质烧制，并没有敷施器物表面的釉色，显得简洁低调。这时不仅有日用的瓷器，而且有大量用于随葬的瓷器，常见仓罐、圈舍、人物以及十二生肖等瓷塑器物。但长期以来，莒地并没有发现烧造青瓷的窑址，结合相关资料，汉代之前的原始青瓷当属吴越一带的舶来品。汉代以来，山东的博山窑开始烧制青瓷，此后莒地的相关出土物中，当有一部分产自博山窑。

青釉印纹瓷罐

汉代文化遗存

1988 年莒县刘家村出土

通高 28.5 厘米、口径 16.5 厘米、底径 18.5 厘米

褐色胎，青釉，施釉至肩部。侈口，方唇，短颈，鼓肩，鼓腹，最大腹径在肩部以下，腹下斜收，平底略内凹。器身拍印席纹。保存完好。

青釉瓷罐

汉代文化遗存

1992 年莒县宅科村出土

通高 33 厘米、口径 12 厘米、腹径 31.5 厘米、底径 17.3 厘米

灰胎，青釉。敛口，平沿，斜肩，鼓腹下收，平底。肩部有对称的兽首桥形耳，饰三道凸弦纹，并刻画动物纹。保存完好。

青釉瓷罐

汉代文化遗存

1982 年莒县马顾屯村出土

通高 23.3 厘米、口径 11.3 厘米、底径 11.2 厘米

灰胎，青釉。喇叭口，束颈，颈部饰水波纹。圆唇，溜肩，鼓腹下收，矮圈形足。肩部饰对称的桥形耳，并有凹弦纹两周，腹下部饰瓦棱纹。保存完好。

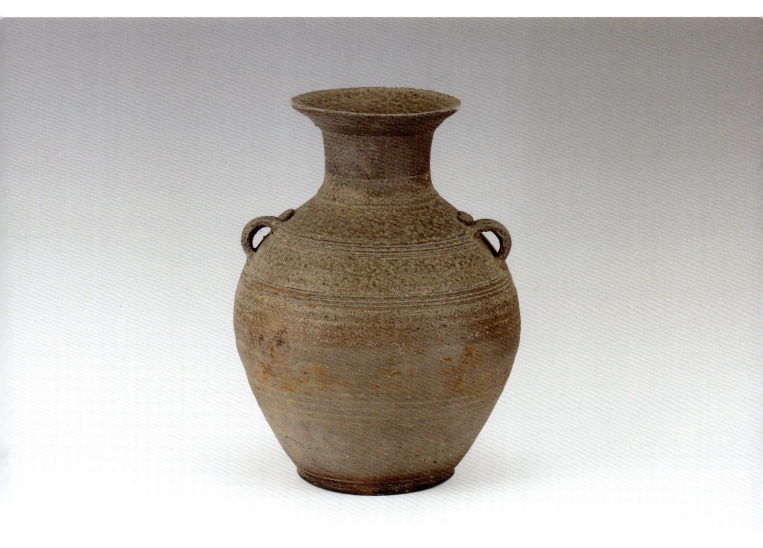

青釉瓷罐

汉代文化遗存

2006 年莒县慕家庄子村出土

通高 32.8 厘米、口径 13.7 厘米、底径 12.8 厘米

灰胎，青釉。喇叭口，圆唇，束颈，斜肩，鼓腹，矮圈形足。肩部饰对称的桥形耳，颈下饰水波纹，肩、腹各饰凸弦纹三周，腹下饰瓦棱纹。保存完好。

青釉瓷罐

汉代文化遗存

2000 年莒故城出土

通高 11 厘米、口径 9.1 厘米、底径 8 厘米

灰胎，青釉。侈口，圆唇，束颈，斜肩，鼓腹下收，平底。肩部有对称桥形耳，肩至腹饰瓦棱纹，腹上施青釉。保存完好。

青釉瓷罐

汉代文化遗存

1994 年莒县马庄遗址出土

通高 35 厘米、口径 14.1 厘米、底径 13.7 厘米

灰胎，青釉。盘口，圆唇，细长颈，溜肩，鼓腹，平底。颈下饰一组水波纹，肩上两侧有对称桥形耳。肩部饰凹弦纹两周，腹饰瓦棱纹。保存完好。

青釉蒜头瓶

汉代文化遗存

1988 年莒县东陈家楼村出土

通高 24.3 厘米、口径 5.6 厘米、底径 11 厘米

灰胎，青釉，施青釉至腹下部。直口，方唇，细长颈，溜肩，鼓腹下收，内凹圈形足，整体呈蒜头状。口沿及颈部饰水波纹，肩腹饰凹弦纹三组。保存完好。

青釉双系罐

汉代文化遗存

2002 年莒县四角墩村出土

高 29 厘米、口径 8.6 厘米、底径 16 厘米

灰胎，青釉。敛口，平沿，斜肩，鼓腹下收，平底。肩部有对称的兽首桥形耳，腹上饰三道凸弦纹。

青釉双系罐

汉代文化遗存

1992 年莒县宅科村东岭出土

高 33.8 厘米、口径 9 厘米、底径 15 厘米

灰胎，青釉。敛口，平沿，斜肩，鼓腹下收，平底。肩部有对称的兽首桥形耳，腹上饰三道凸弦纹。

青釉四系罐

晋代文化遗存

莒故城出土

通高 20.3 厘米、口径 11.2 厘米、底径 12.5 厘米

灰胎，青釉。侈口，短颈，有肩台，圆鼓腹，平底。腹上饰四横桥形钮，颈下饰莲花瓣纹，施青釉不到底。保存较好。

青釉球形罐

晋代文化遗存

1980年莒故城出土

通高26厘米、口径12厘米、足径12厘米

灰胎，青釉。带盖，敛口，鼓肩，球状腹，下腹鼓收，饼形足内凹。器身施不均匀的青釉。保存较好。

隋唐宋元陶瓷器 | 陆

　　隋唐时期属于瓷器发展变化的历史时段，莒地出土的高端瓷器均为舶来品，部分民间日用瓷器则产自附近的滕州、临朐、博山等窑口。隋代的瓷器已经烧制精好。到唐代，不仅釉色更加成熟，而且烧制温度能达到一千摄氏度以上，瓷器制作已发展到成熟的境界，跨入真正的瓷器时代。唐代最著名的窑为今浙江绍兴的越窑与今河北邢台的邢窑。越窑的青瓷明澈如冰，晶莹温润如玉，色泽青中带绿，与茶青色相近。邢窑所产的白瓷，土质细润，器壁坚而薄，器形稳厚。唐代最引人瞩目的陶瓷产品是三彩器，尽管其胎质用的是高岭土，但是烧制的火候较普通瓷器低，所以还有一定的渗水性。这种类似瓷器的新产品主要产自长安和洛阳两地，其种类很多，色彩亮丽斑斓，主要有黄、绿、青三色铅釉，但不一定每种唐三彩都三色俱全。唐代盛行以三彩器作为明器，不仅达官贵族如此，百姓也是如此，唐三彩因而遍行天下。莒地出土的唐三彩炉尤其精美。

　　宋代是中国瓷器发展史上的高峰，这一时期，河南、江西、陕西、福建与河北的诸多名窑烧制的瓷器皆较为典型。宋代有著名的五大名窑：汝、哥、官、定、钧。按体系分，青瓷体系的有汝窑、官窑、哥窑、龙泉窑、钧窑。汝窑为皇家自办，烧制御用瓷器，有"紫口铁足"之特点；哥窑最大的特点是瓷器遍体开片，开大片者为"冰裂纹"，开细片者为"鱼子纹"，极碎者为"百圾碎"，若裂纹呈黑、黄两色，则称为"金丝铁线"。钧窑则以绚丽多彩著称于世，突破以铁为呈色剂的局限，创造铜红釉窑变技术。白瓷体系的有定窑、磁州窑，均为宋代著名民窑，以白地黑花剔刻装饰最有特色。黑瓷体系的有建窑（属今福建）、吉州窑（属今江西），博山窑（属今山东）也属于该系，其釉汁的铁含量达到8%，瓷呈纯黑色，突破"南青北白"的局面。

元代，钧窑、磁州窑、霍窑、龙泉窑、德化窑等主要窑厂，仍然继续烧造传统品种。而且因为外销瓷需求的增加，生产规模普遍扩大，大型器物增多，烧造技术也更加成熟。首先是景德镇窑在烧造瓷器工艺上有了新的突破，采用瓷石加高岭土的二元配方法，提高了烧成温度，减少了器物的变形，因而能烧成颇有气势的大型器。其次是青花、釉里红的烧制，是中国绘画技巧与制瓷工艺的结晶，代表着具有强烈中国气派与风格的釉下彩瓷发展到一个新的阶段。它一经出现，便以旺盛的生命力迅速发展起来，使景德镇出现了空前的繁荣。青花瓷器成为景德镇瓷器生产的主流，产品远销国外。最后是颜色釉的成功。高温烧成卵白釉、红釉和蓝釉，是景德镇的烧瓷工匠熟练掌握各种呈色剂的标志，从而结束了元代以前瓷器的釉色主要是仿玉类银的局面。元代景德镇窑取得的各种成就，为明、清两朝瓷器的高度发展奠定了基础。

青釉四系瓶

隋代文化遗存

1995 年莒故城二城垣铸钱遗址出土

通高 19 厘米、口径 6.7 厘米、底径 5.9 厘米

盘口，折沿，圆唇，细高颈，广肩，肩下收，小平底内凹。肩上饰对称的四个双条状桥形系，并有凹弦纹一周，折沿、颈部饰凹弦纹。施青釉至腹下。保存完好。

青釉敛口罐

隋代文化遗存

1995 年莒故城二城垣铸钱遗址出土

通高 18.2 厘米、口径 11.4 厘米、底径 11.3 厘米

敛口，方唇，圆腹，饼形足。器表施青釉不及底。器物肩、腹、腹下饰凹弦纹三组。保存完好。

青釉双系盘口壶

隋代文化遗存

1982 年莒县土门首村出土

通高 34.3 厘米、口径 9.4 厘米、底径 11.3 厘米

盘口，束颈，溜肩，圆鼓腹下收，饼形足。口内外及肩、腹下饰青釉，其余部位露胎。盘口下有对称的条状桥形系，肩部有三周凹弦纹。保存较好。

酱釉龙首壶

唐代文化遗存

1980 年莒县土门首村出土

通高 23 厘米、口径 8.3 厘米、底径 9.5 厘米

盘口，束颈，溜肩，鼓腹，饼形足。腹上塑一卧龙从盘口内入腹，从对侧肩部露出龙首，龙体为柄，龙首作流。颈下及腹上各饰凹弦纹数周。施酱色釉不及底。保存完好。

青釉钵

唐代文化遗存

2001 年莒故城出土

通高 7.9 厘米、口径 9 厘米、底径 7 厘米

敛口，圆唇微上翘。鼓腹矮扁，平底内凹。内壁及外腹上壁施青釉。保存较好。

青釉钵

唐代文化遗存

2001 年莒县井家葛湖村出土

通高 10.1 厘米、口径 9.4 厘米、足径 9.8 厘米

敛口，小翻沿，圆唇，溜肩，鼓腹，下腹弧收，饼形足。施釉不到底。保存完好。

白釉执壶

唐代文化遗存

1980 年莒县土门首村出土

通高 23.6 厘米、口径 9.5 厘米、底径 9 厘米

口微侈，圆唇，长颈，溜肩，腹微鼓，平底。肩部短流上翘，其对面有双圆条状执柄。器表施白釉。保存完好。

青白釉球形罐

唐代文化遗存

1985 年莒故城出土

通高 22.5 厘米、口径 11.6 厘米、底径 10.7 厘米

小口，凸圆唇外折，鼓肩，球形腹，下腹鼓收，饼形足内凹。器内外施青白釉不到底，施釉不均匀，釉流淌成条状。保存完好。

三彩炉

唐代文化遗存

1981 年莒县王家坪村出土

高 18 厘米、口径 14.8 厘米

侈口，短颈，圆腹，圜底，三足无。通体绿釉，肩贴四火珠纹，腹部塑贴四人龙纹，均为黄绿白三色。

红陶骑马俑

唐代文化遗存

2015 年征集

高 33.5 厘米、长 31.5 厘米、宽 10 厘米

泥质红陶，施彩脱落严重。陶俑头戴幞头，八字胡须，朱红点唇，左右手置于胸前做持缰状，身穿翻领大衣，足蹬短靴踩马蹬，上身直立骑于马上。马身直立，剪鬃，缚尾，马头左后倾，张口微颔首，鞍鞯齐备，形体肥硕浑圆。

红陶骑马俑

唐代文化遗存

2015 年征集

高 33.5 厘米、长 29.5 厘米、宽 10.5 厘米

泥质红陶，施彩脱落严重。陶俑头戴幞头，八字胡须，左右手置于胸前做持缰状，身穿翻领大衣，足蹬短靴踩马镫，上身直立骑于马上。马身直立微后倾，剪鬃，缚尾，马头左后倾，张口微颔首，鞍鞯齐备，形体肥硕浑圆。

红陶马俑

唐代文化遗存

2015 年征集

高 27 厘米、长 27.5 厘米、宽 8 厘米

泥质红陶，施彩脱落严重。马身直立，剪鬃，缚尾，马头左后倾，鞍鞯齐备，肌腱清晰，形体肥壮。

红陶马俑

唐代文化遗存

2015 年征集

高 27.5 厘米、长 27.5 厘米、宽 8 厘米

泥质红陶，施彩脱落严重。马身直立微后倾，剪鬃，缚尾，马头左后倾，鞍鞯齐备，肌腱清晰，形体肥壮。

三彩印花枕

唐代文化遗存

莒州博物馆旧藏

高 10 厘米、长 18.5 厘米、宽 8.5 厘米

形如银锭状，枕面下凹，两边上翘，立面平坦。通身施黄、绿釉，外围绿釉，中间黄釉。枕面长方形框内印缠枝花纹，四周以碎花纹相围，立面方框内印缠枝花纹。

青釉四系罐

唐代文化遗存

1982 年莒县土门首村出土

高 25.2 厘米、口径 10.8 厘米、底径 13 厘米

敛口，溜肩，腹微鼓，饼形足。器表施青釉不及底。肩上饰对称的四个双条状桥形系。

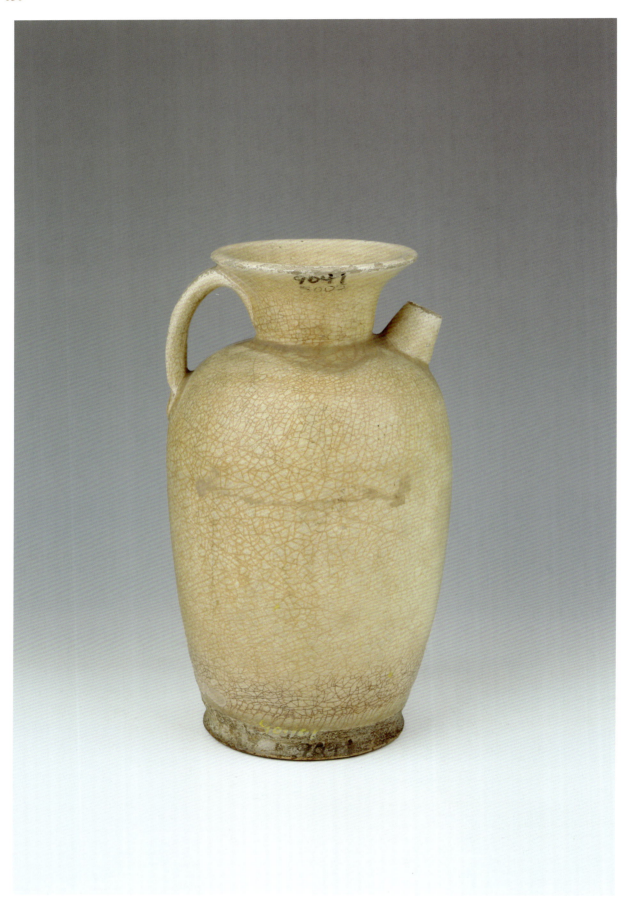

白釉执壶

唐代文化遗存

莒州博物馆旧藏

高 25 厘米、口径 10 厘米、底径 10 厘米

喇叭形口，高颈，溜肩，长圆形腹，腹下部渐收敛，平底，饼形足。颈、肩之间置三股状曲柄，相对一侧置圆形短流。施白釉不及底。壶胎骨坚致，造型端庄。

黑彩绿釉瓜棱形执壶

唐代文化遗存

莒故城出土

高 10.8 厘米、口径 1.5 厘米、底径 4.9 厘米

敛口，瓜棱鼓腹，圈足。肩部置短流，相对应的一侧有裸胎柄置于肩、腹间。
器身施绿釉，棱背积釉处呈深绿色。

花鸟印纹盘

宋代文化遗存

1980 年莒县浮来山西出土

通高 3.5 厘米、口径 17.7 厘米、足径 6.2 厘米

敞口，平唇，浅弧腹，圈形足。芒口涩边，胎体较薄，胎质细腻，盘边印连云纹，壁印花卉、飞凤纹，盘中心印花卉纹。保存完好。

绞胎罐

宋代文化遗存

1984 年莒县外贸冷冻厂出土

高 9.5 厘米、口径 6 厘米、底径 7.5 厘米

矮直敛口，圆唇，球形腹，小圈足。通体施褐釉，胎呈不规则木纹状，非常精美。

剔花缸

宋代文化遗存

1991 年莒城西关出土

通高 15.1 厘米、口径 15.8 厘米、底径 11.7 厘米

子母口，直腹，圈足。胎质细白，内外施黑釉，口、圈足无釉。外壁腹部剔凹弦纹与缠枝纹。

白瓷盘

宋代文化遗存

1980 年莒县浮来山西出土

通高 3.5 厘米、口径 17.7 厘米、足径 6.2 厘米

敞口，平唇，浅弧腹，圈形足。芒口涩边，胎体较薄，胎质细腻，盘边印连云纹，壁印花卉、飞凤纹，盘中心印花卉纹。保存完好。

白地黑花纹罐

宋代文化遗存

1994 年莒县招贤镇出土

通高 24.2 厘米、口径 17.2 厘米、底径 10.6 厘米

圆唇，短直领内敛，溜肩，鼓腹，下腹斜收，隐圈足。器上部施白釉，下腹施黑釉至底。肩上白地黑花，领上饰水波纹。保存完好。

黄釉罐

宋代文化遗存

1991 年莒故城出土

通高 22.4 厘米、口径 15.3 厘米、底径 9.4 厘米

圆唇，短直领内敛，斜肩，鼓腹，腹下斜内收，隐圈足。腹以上施黄釉。保存完好。

黑釉罐

宋代文化遗存

1966 年莒县青峰岭水库出土

通高 18.5 厘米、口径 12.1 厘米、底径 8.2 厘米

圆凸唇，短直领内敛，斜肩，鼓腹，腹下斜内收，隐圈足。器表满施黑釉。
保存完好。

双系黑釉罐

宋代文化遗存

1998 年莒故城出土

通高 15.9 厘米、口径 10.2 厘米、底径 7.3 厘米

圆唇，短直领，圆肩，鼓腹，圈形足。肩与直领处有对称的桥形系。器表施黑釉不及底，釉色光洁莹润。保存完好。

白釉瓜棱形罐

宋代文化遗存

1991 年征集

高 11 厘米、口径 10.4 厘米、足径 5.9 厘米

侈口，圆唇，短领，溜肩，瓜棱形鼓腹，下腹斜收，圈形足。器内外施白釉。

保存完好。

绞胎罐

宋代文化遗存

2005 年莒县孔家街村出土

高 10.4 厘米、口径 9.3 厘米、底径 7 厘米

葵口似莲瓣，圆唇，溜肩，鼓腹，下腹斜收，小圈足。肩上有对称的扭索状双系，口沿为白色胎，挂釉，器身为绞胎。保存完好。

长方瓷枕

宋代文化遗存

1986 年莒故城出土

高 9 厘米、长 15.6 厘米、宽 11.3 厘米

器呈长方形，枕面下凹，两端上翘，周壁直立稍内斜，略呈银锭形。枕面下方刻画波浪纹，上方有一鸟呈回首状。枕的底部无釉并有一圆孔。釉色呈灰白，木光。保存完好。

剔花红绿釉瓷枕

宋代文化遗存

1980 年征集

高 10.2 厘米、长 18.7 厘米、宽 8.7 厘米

枕呈长方形，枕面下凹，两端翘起，周壁直立稍内斜，略呈银锭形。一侧壁
有气孔。枕面中间雕有花卉纹，上下为折线纹；枕的前后两壁雕有花卉纹；两侧
壁雕有四叶草纹，每叶间雕有花卉纹。器表施红、绿色釉，底无釉。保存完好。

青釉亚腰瓷枕

宋代文化遗存

1980 年征集

高 11 厘米、长 20.1 厘米、宽 10.5 厘米

枕呈束腰长方形，两端壁呈方形，枕面前后两侧壁各有三个支钉痕，两端壁其中一侧有气孔。胎呈灰褐色，坚致。施青釉。保存完好。

黑褐釉钵

金代文化遗存

1994 年莒故城出土

通高 8.8 厘米、口径 12.2 厘米、底径 6 厘米

圆唇，直口，筒形壁，下腹圆折，圈足。黑褐色釉，施釉至下腹部。保存较好。

黑花四系壶

元代文化遗存

1995 年莒县浮来山北侧三十里堡村出土

通高 30.5 厘米、口径 6.1 厘米、足径 12 厘米

圆唇，小口，矮颈，溜肩，腹下垂，圈形足。肩颈间有四个扁条桥形系。口沿下饰一周黑条纹，四系间各饰一花卉；肩上饰三周黑条纹；腹饰花卉、草叶纹；再下为一周黑条纹。白胎，器表施白釉不到底。保存较好。

黑釉金线双耳罐

元代文化遗存

1981 年莒县杨家崮西村卢续红捐献

高 17.6 厘米、口径 13.5 厘米、底径 8 厘米

直口微敛，短颈，圆肩，鼓腹，圈足。肩、颈之间置片状双耳。器表施黑色釉，施釉至下腹部。耳及腹部饰竖条凸线纹，线条匀称，呈金黄色。

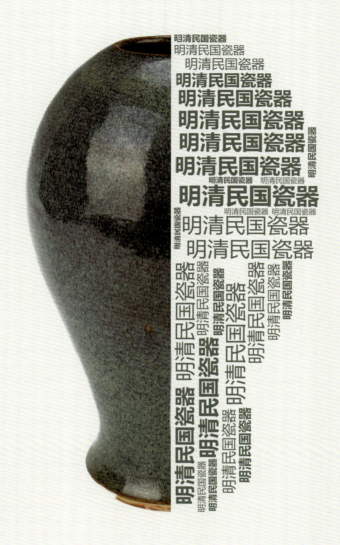

明清民国瓷器

明代，青花瓷成为瓷器的主流。明永乐、宣德时期是青花瓷器发展的一个主峰，这一时期的青花瓷以制作精美著称。清康熙时，"五彩青花"使青花瓷发展到巅峰。清乾隆以后，青花瓷因粉彩瓷器的发展而逐渐走向衰退，虽在清末光绪时期一度中兴，但最终仍无法延续康熙朝的盛势。总的来说，这一时期的官窑器制作严谨、精致，民窑器则随意、洒脱，画面写意性强。

民国时期是中国瓷业的萧条时期。比较突出的成就有以下三点：

1.官窑瓦解，官窑良工在中国第三次（清末至明初）收藏高潮中，制作了大量的仿古窑器；

2.以文人潘宇、汪晓棠以及珠山八友等为代表的绘瓷名家创造了新兴的粉彩工艺，这些新兴的粉彩之作可称为民国粉彩新艺瓷；

3.民国期为抵制洋货，发展国货，厦门福建宝华制瓷有限公司、萍乡瓷业公司、湖南瓷业公司等30多家公司纷纷成立，它们生产的日常生活用瓷的社会化、生活化气息更加浓郁，瓷器上绘画人物、山水、花卉、鱼虫无不栩栩如生，妙若天成。以上代表性产品，也被莒地上流社会与富裕平民阶层广泛收藏或使用。

除去以上外来瓷器，明清民国时期莒地基层民众的日用瓷主要来自博山窑，主要品类有盘、碗、碟、盆等餐具和花瓶、粉盒等礼仪用品。

白釉梅花杯

明代文化遗存

1997 年征集

通高 6.7 厘米、口长 9.8 厘米、口宽 7.4 厘米

杯口椭圆形，侈口，斜曲腹，尖圜底，梅枝形座。杯两侧各贴一折枝梅花。器内外通体施白釉。保存完好。

成化仿哥窑青白釉香炉

明代文化遗存

莒县后营村于化文捐献

高 7 厘米、口径 11 厘米、底径 7.5 厘米

侈口，束颈，溜肩，鼓腹下收，圈足。肩上附对称铺首衔环耳。器表施青白釉，布满开片纹，器耳施酱色釉。底款"成化年制"。

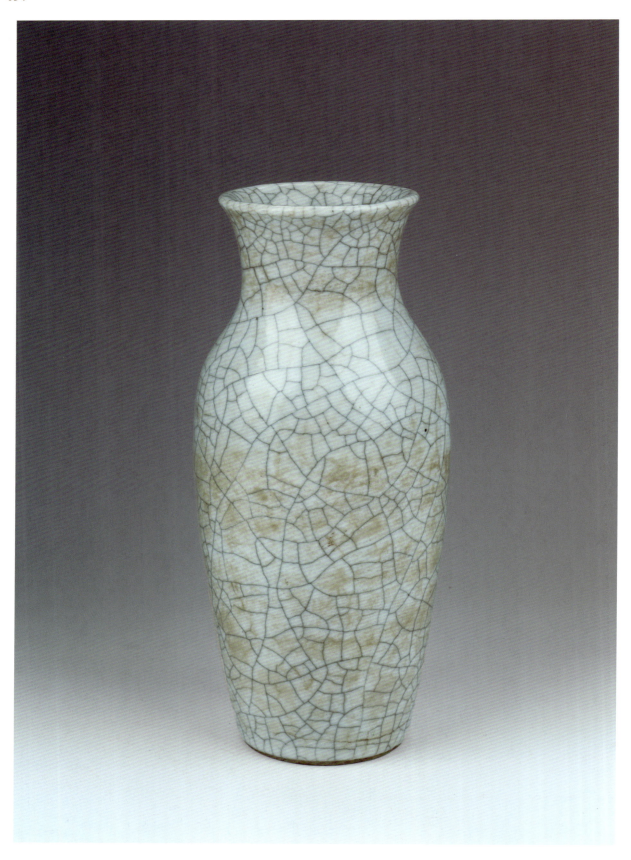

成化仿哥窑青白釉瓶

明代文化遗存

莒县东关村董永年捐献

高 25 厘米、口径 8.5 厘米、底径 7.5 厘米

侈口，高颈，溜肩，长圆形腹渐收，圈足。通体施青白釉，布满开片纹。底款"成化年制"。

青花人物故事瓶

明代文化遗存

莒县前于家庄村捐献

高 36 厘米、口径 16 厘米、底径 14 厘米

喇叭口，束颈，溜肩，鼓腹下渐收，圈足。肩上附对称铺首衔环耳。器表施绿釉，器内及足底为青白釉，口沿施酱色釉。器身以青花纹饰绘有松、梅、马匹，以及老、中、青年人物等。

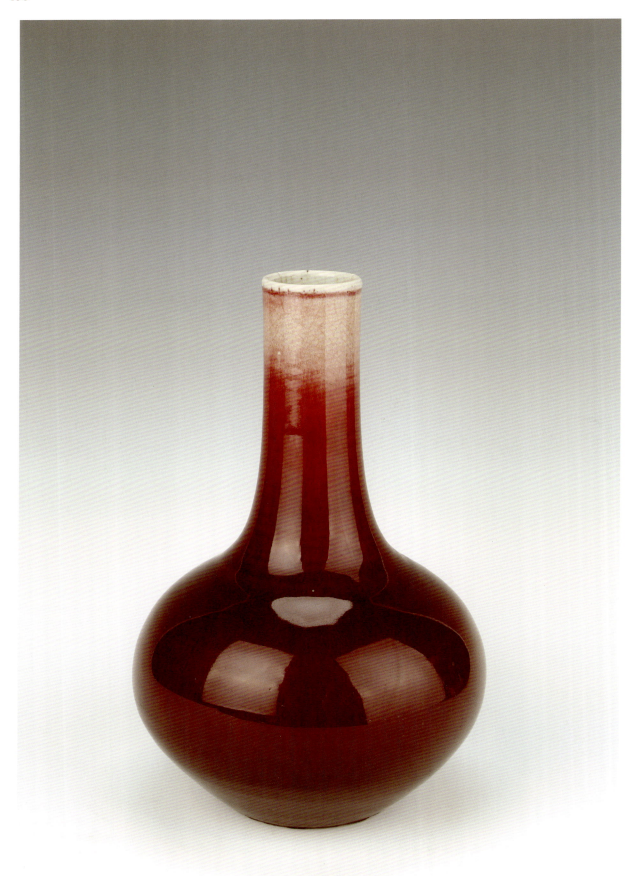

红釉长颈瓶

清代文化遗存

1976 年征集

通高 32 厘米、口径 5.5 厘米、底径 10.5 厘米

直口微撇，圆唇，长细颈，溜肩，鼓腹，腹下收，圈足。通体施红釉，自上往下釉色渐深。保存完好。

仿哥窑青黄釉天球瓶

清代文化遗存

莒县东大街朱凤礼捐献

高 11 厘米、口径 2.2 厘米、底径 3.5 厘米

直口微撇，圆唇，长细颈，圆肩，圆腹下收，圈足。通体施青黄釉，布满开片纹。

绛色釉天球瓶

清代文化遗存

临沂市庄町官庄村捐献

高 19 厘米、口径 3.5 厘米、底径 7.5 厘米

直口微撇，圆唇，长细颈，溜肩，鼓腹下收，圈足。通体施绛色釉，颈部釉色较深，口沿为青色釉。

康熙绛色釉洗

清代文化遗存

1978 年征集

高 3 厘米、口径 9.5 厘米、底径 7.5 厘米

小侈口，颈极短，腹扁凸，圈足。器表施绛色釉，口沿、器内及圈足内施青白釉。

底款"大清康熙年制"。

绿釉香炉

清代文化遗存

1976 年莒城内出土

高 6 厘米、口径 11.4 厘米、底径 7 厘米

侈口，高颈，鼓腹，饼形底，隐圈足。器表施绿釉，器内颈部以下裸胎。肩、颈之间贴对称绳索纹状附耳，腹底带三柱形短腿。

蓝釉瓶

清代文化遗存

1976 年征集

通高 25.5 厘米、口径 5.7 厘米、底径 9.5 厘米

敛口，鼓肩，腹下收呈亚腰状，底部外撇，平底内凹。通体施蓝釉。保存完好。

后　记

　　莒地历史悠久，文化灿烂，是我国古代东夷文化的核心发源地之一。莒文化与齐文化、鲁文化被公认为山东省三大历史文化。

　　莒州博物馆为山东省三大县级博物馆之一，馆藏文物 13010 件（套），其中展出文物 2000 余件（套），国家三级以上文物 317 件（套）。莒州博物馆馆藏文物种类多样，包括陶瓷器、玉石器、青铜器、金银器、画像石刻、货币、钱范、玺印、书画等。在上述诸类别藏品中，陶瓷器数量最为庞大，种类全面且系统，特色鲜明，其中又以史前大汶口文化时期的陶器最负盛名，可谓珍品荟萃，乃馆藏支柱。特别是陵阳河等大汶口文化遗址出土的陶质大口尊上的 "⛰" 等 17 个图像文字，被认为是汉字的雏形，是迄今为止在中国发现的最早的文字，为展示中华文明进程的标志性证物。

　　《莒州博物馆馆藏精粹：陶瓷器卷》一书撷取莒州博物馆馆藏陶瓷器精品 124 件（套），代表性地反映了莒地各个阶段陶瓷器的文化内涵、工艺水平、美学价值和演变方向，系统展现了莒地悠久灿烂的地方特色历史文化和莒地人民创造的文明成就。

　　本书的编写完全基于莒州博物馆丰富的藏品和"传帮带"的优良学风。已故苏兆庆先生筚路蓝缕开创之功永远是莒博人所有成绩的源泉。潍坊博物馆孙敬明先生与莒博已有半世情缘，是莒博的飞鸿羽翼，本书编写过程中，孙先生的关怀无所不至，并为本书赐序以添异彩。山东省博物馆刘延常馆长对本书体例、出版提出大量宝贵意见。莒县人民政府副县长、莒国古城管理服务中心主任徐厚平对本书的出版高度重视和支持，统筹安排，亲阅书稿。刘云涛先生在书稿文字打磨以及器物选取、摄影、拓片等方面给予全力指导。在此，向诸位先生谨致谢忱！

　　囿于本人德薄才鲜，书中难免存在粗疏阙漏，敬请读者海涵指教。

何绪军

2023 年 10 月